중국 의무교육조선족학교교과서

한 어

汉 语

1학년 상권

一年级 _____ 班

姓　名 _____

YBEP

중국 의무교육조선족학교교과서
한어
1학년 상권
중국 연변교육출판사 한어편집실

펴낸날　2019년 6월15일
펴낸이　한명웅
펴낸곳　중국 연변교육출판사

감　　수　리성희 장화욱 장순복 량춘광
지은이　량춘광 문옥란 장화욱 리호걸 심애화 김해영 최미연
특약편집　김　란 김　매 김　자 곽　평 동문수 리천옥
　　　　　리일출 박태수 백성효 장매화 안국봉
책임편집　량춘광
표지 디자인　리동국 양설교
그　　림　리동국 전설화
촬　　영　최　천
판식 디자인　서준걸
진　　행　남애순

인쇄 제본: 우일프린테크
등록번호: 제 313-2012-144호
한국지사 주소: 서울시 마포구 독막로 320(도화동 태영데시앙 803호)
전　화: 02) 3272-6524　Fax: 02) 3272-6525
홈페이지: http://www.ybep.kr

ISBN 978-89-97964-94-9 44720
　　　978-89-97964-93-2 (세트)

ⓒ 저자 및 출판사의 허락 없이 이 책의 일부 또는 전부를 무단 복제, 전재, 발췌할 수 없습니다.
　잘못된 책은 바꿔 드립니다.

写给小朋友的话

小朋友，从现在开始，我们就要学习汉语了！

这是金正浩、李知恩、朴明宇，让我们一起学汉语吧！

金正浩　李知恩　朴明宇

目 录

看图说话
1. 上学了 …………… 2
2. 上课了 …………… 4
3. 这是什么 ………… 6

汉语拼音
1. a o e …………………… 8
2. i u ü y w
   yi wu yu …………… 10
3. b p m f …………… 12
4. d t n l …………… 14
   复习（一）………… 16

5. g k h …………………… 18
6. j q x …………………… 20
7. zh ch sh r
   zhi chi shi ri ……… 22
8. z c s
   zi ci si ……………… 24
   复习（二）………… 26

9. ai ei ui …………… 28
10. ao ou iu ………… 30
11. ie üe er
    ye yue …………… 32
    复习（三）………… 34

12. an en yuan ………36
    in un ün yin yun …37
13. ang eng ing ong
    ying ……………… 40
    复习（四）………… 42

拼音知识（一）………… 44
总复习 ………………… 45
听力·口语交际（一）… 48

学字·课文

学字（一）……………… 50
学字（二）……………… 52
学字（三）……………… 54
1 升国旗 ………………… 56
2 我的家 ………………… 58
听力·口语交际（二）… 60
汉语园地（一）………… 62

学字（四）……………… 66
学字（五）……………… 68
学字（六）……………… 70
3 小小的船 ……………… 72
4 爷爷和小树 …………… 74
拼音知识（二）………… 77
听力·口语交际（三）… 78
汉语园地（二）………… 80

学字（七）……………… 82
学字（八）……………… 84

5 四 季 ………………… 86
6 秋天到了 ……………… 89
听力·口语交际（四）… 91
汉语园地（三）………… 93

学字（九）……………… 96
学字（十）……………… 98
7 雪地里的小画家 …… 100
8 比尾巴 ……………… 102
听力·口语交际（五）… 105
汉语园地（四）……… 107

自读课文 …………… 109
附录
1 生字表（一）……… 117
2 生字表（二）……… 120
3 词语表 ……………… 121
4 汉字笔画名称表 …… 123
5 汉字笔顺规则表 …… 124

1 上学了

看图说话

2 上课了

听课

读书

写字

举手

kàn tú shuō huà

3 这是什么

老师您早

金本 词
刘青 曲

1=F 2/4

5 0 1·2 | 3 - | 5 0 1·2 | 3 - | 2·2 2 1 | 2 5 0 | 5 - | 5 - |
阳光 照， 花儿 笑， 我背书包 上学 校。

6·6 | 4 6 | 5·6 4 3 | 2 - | 5 1 - | 3 1 - | 2 5 - | 6 4 - | 2·3 |
见了 老师 敬个 礼， "老师 您早， 老师 您好！"老师

5 - | 1·3 | 2 6 5 | 1 - ‖
夸 我 有礼 貌。

kàn tú shuō huà

1 a o e

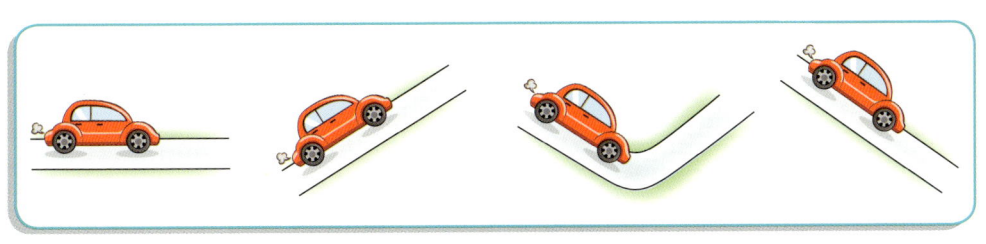

ā　　á　　ǎ　　à
ō　　ó　　ǒ　　ò
ē　　é　　ě　　è

a　c　a　o　o　e　e

hàn yǔ pīn yīn

2　i u ü y w

yi　wu　yu

wǒ

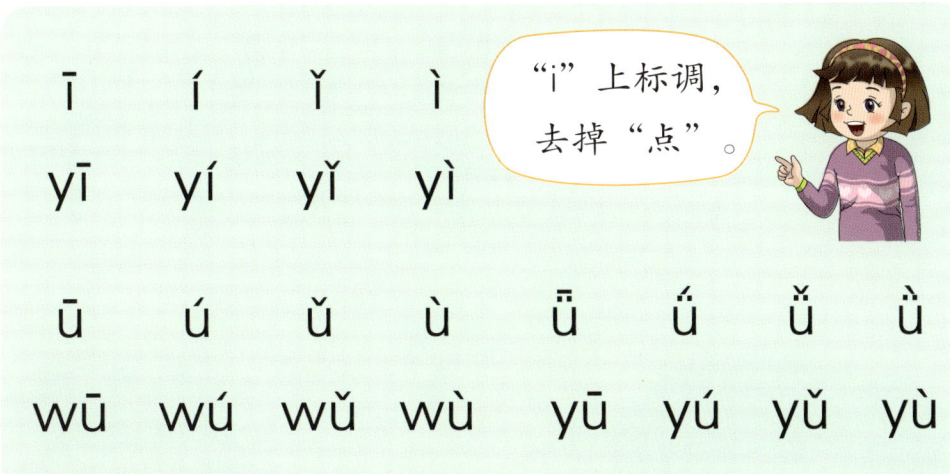

ī　í　ǐ　ì

yī　yí　yǐ　yì

ū　ú　ǔ　ù　ǖ　ǘ　ǚ　ǜ

wū　wú　wǔ　wù　yū　yú　yǔ　yù

"i"上标调，去掉"点"。

ā yí

wū yā

yú

3 b p m f

b—a   b—o   b—i   b—u
p—a   p—o   p—i   p—u
m—a   m—o   m—i   m—u
f—a   f—o   f—u

yī fu   mù mǎ   bǐ

b b b   p p p   m m m   f f f

4　d t n l

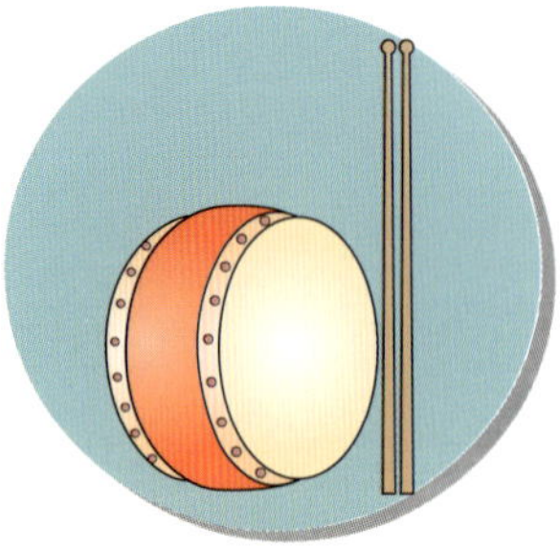

d

d — e → de
da　di　du

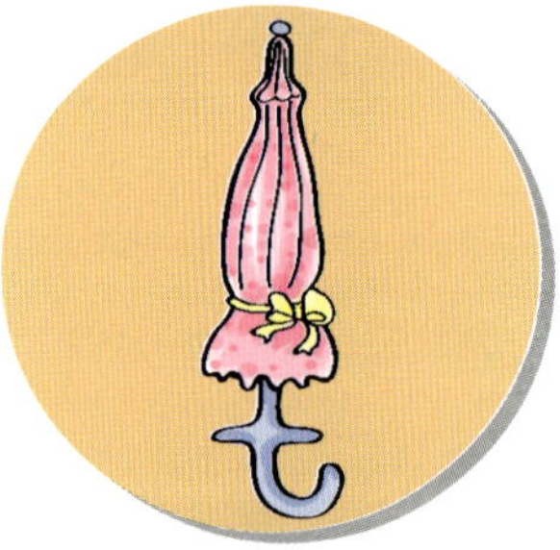

t

t — e → te
ta　te　tu

n

n — u → nu
n — ü → nü
na　ne　ni

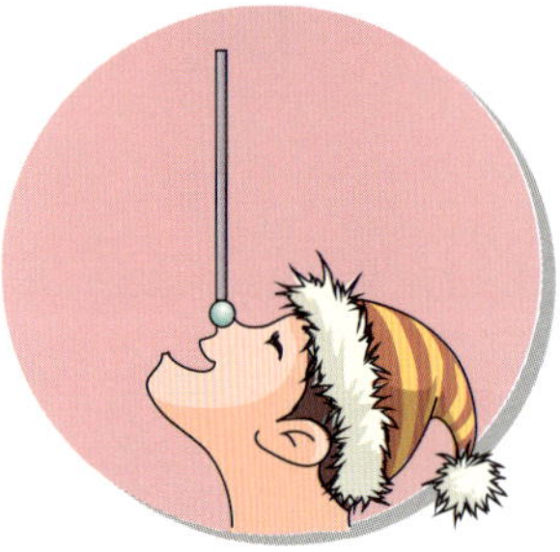

l

l — u → lu
l — ü → lü
la　le　li

dì di   lǎ ba   ní tǔ

dú   tī   là

n — ǔ → nǔ
l — ǜ → lǜ

d c d   t l t   n l n   l l

复习（一）

一、我会找。

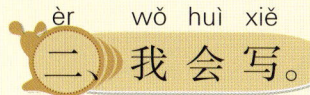
二、我会写。

b—d　　　f—t　　　n—m　　　u—ü

i—l　　　b—p　　　a—o　　　y—w

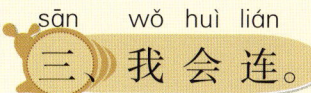
三、我会连。

wū yā　　　　　yú　　　　　é

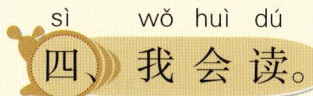
四、我会读。

bà ba　　mā ma　　dì di　　ā yí　　wǒ　　nǐ
yī fu　　dà fó　　lǎ ba　　pá　　tī　　là

fù xí　17

5 g k h

g — a → ga   k — a → ka   h — a → ha
ge gu   ke ku   he hu

g c g   k l k   h l h

 h — u — a → huā

g — u — a → gua　　　g — u — o → guo
kua　hua　　　　　　kuo　huo

gē ge　　　　　kě　　　　　　hē

hǔ　　　　　　huǒ　　　　　　kū

6 j q x

j—i→ji　　　q—i→qi　　　x—i→xi
j—i—a→jia　q—i—a→qia　x—i—a→xia

j　　　　ju
q　—ü—　qu
x　　　　xu

n　　　　nü
l　—ü—　lü

j J j　q c q　x ＼ x

qī   xī guā   hú xū

jiā   xiā   xǐ yī jī

mā ma xǐ yī fu
妈妈洗衣服。

7 zh ch sh r

zhi chi shi ri

chī

shù zhī

shī zi

rì chū

zh zh ch ch sh sh r r

zh—a→zha	zhe	zhu	zhua
ch—a→cha	che	chu	chuo
sh—a→sha	she	shu	shuo
r—e→re	ru	ruo	

qì chē　　　chá　　　rè

zhè shì shū
这 是 书。
nà shì shù
那 是 树。

8 z c s

zi ci si

Z zi
zī zí zǐ zì

z—a→za
ze zu zuo

C ci
cī cí cǐ cì

c—a→ca
ce cu cuo

S si
sī sí sǐ sì

s—a→sa
se su suo

Z Z C C S S

sì sī jī wà zi

cā bō li

tuō dì

zuò hè kǎ

复习（二）

一、我会连。

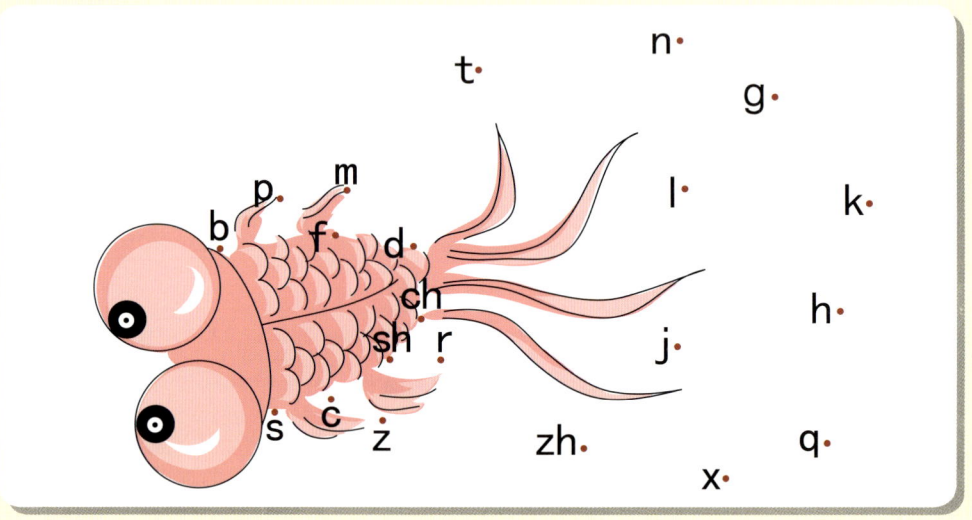

二、我会说。

 gē ge xǐ ____  bà ba tuō ____

 zhè shì ____  nà shì ____

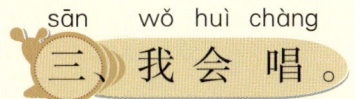

三、我会唱。

声母歌

金得振 曲

1=C 2/4

5 5 5 6 | 5 4 3 2 | 1 i i | 6 i 5 |
b p m f   d t n l   g k h   j q x

6 6 6 6 | 5 4 3 | 2   3 | 1 - ‖
zh ch sh r z c s   y   w

fù xí

9　ai　ei　ui

āi ái ǎi ài　　ēi éi ěi èi　　uī uí uǐ uì

d—ai→dai　　b—ei→bei　　zh—ui→zhui
t—ai→tai　　p—ei→pei　　ch—ui→chui
n—ai→nai　　m—ei→mei　　sh—ui→shui
l—ai→lai　　f—ei→fei　　r—ui→rui

dài　　bēi　　guī

nǎi nai

mèi mei

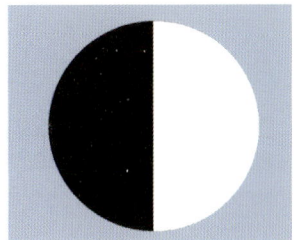
hēi bái

hé shuǐ

dà hǎi

fēi jī

wū guī pá　　　bái tù shuì

10 ao ou iu

āo áo ǎo ào   ōu óu ǒu òu   iū iú iǔ iù

z—ao→zao   g—ou→gou   j—iu→jiu
c—ao→cao   k—ou→kou   q—iu→qiu
s—ao→sao   h—ou→hou   x—iu→xiu

māo　　　gǒu　　　niú

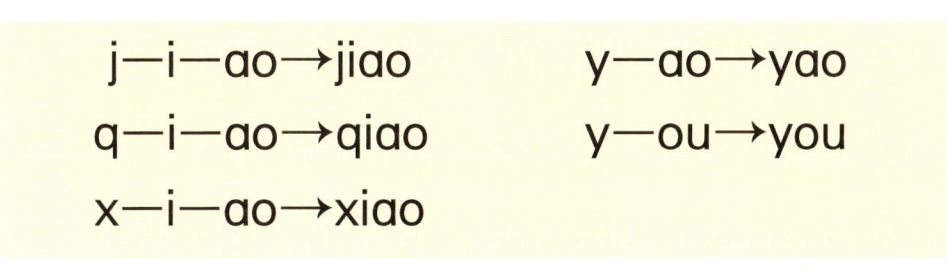

gāo　　　　gǒu　　　　niú

chī yào　　　wò shǒu　　　xǐ jiǎo

xiǎo hóu huì pá shù

11 ie üe er

ye yue

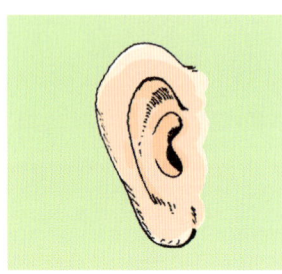

ie ye　　　　üe yue　　　　er

iē ié iě iè　　üē üé üě üè　　ēr ér ěr èr

n—üe→nüe　　j—üe→jue
l—üe→lüe　　q—üe→que
　　　　　　　x—üe→xue

dié　yuè　lüè　ěr

jiě jie hé mèi mei　　bà ba hé ér zi

shù yè lǜ le　　hú dié fēi　xǐ què jiào

复习（三）

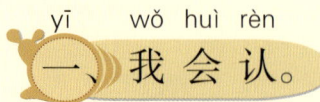

一、我会认。

ai ei ui ao ou iu

ie ye üe yue er

二、我会读。

hǎi guī

xiǎo niǎo

jiǔ yuè liù rì

xià xuě le

bà ba de hǎo ér zi

mā ma de hǎo nǚ ér

sān wǒ huì tián
三、我会填。

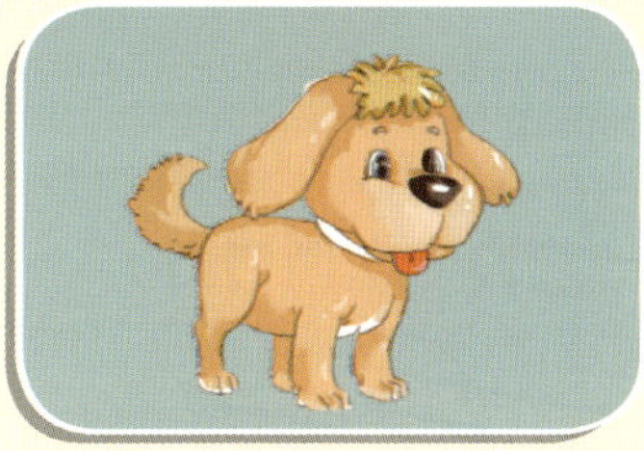

g_____

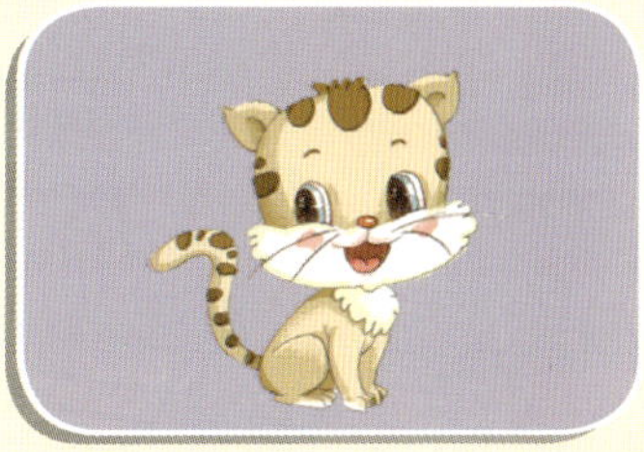

m_____

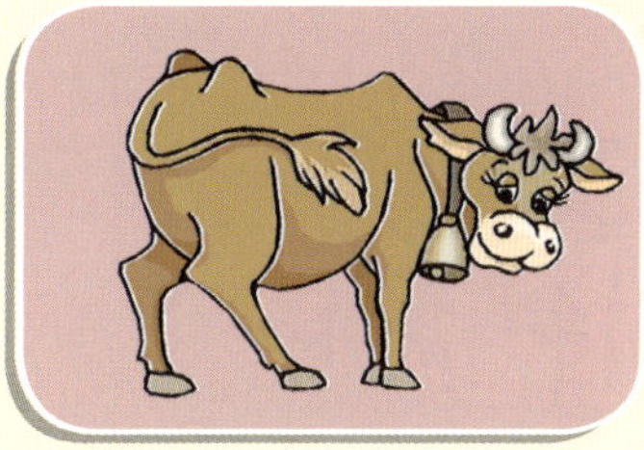

_____iú

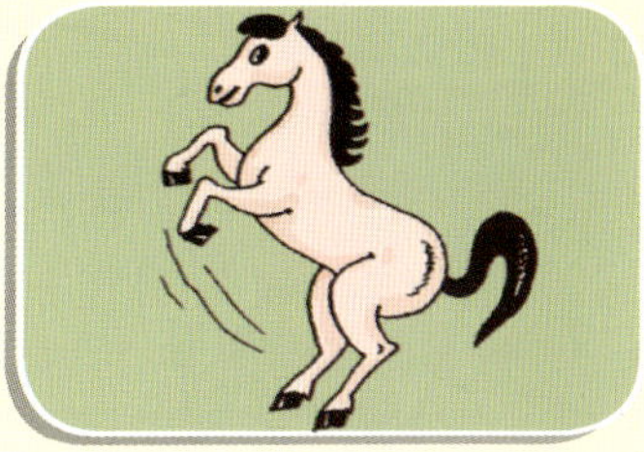

_____ǎ

sì wǒ huì shuō
四、我会说。

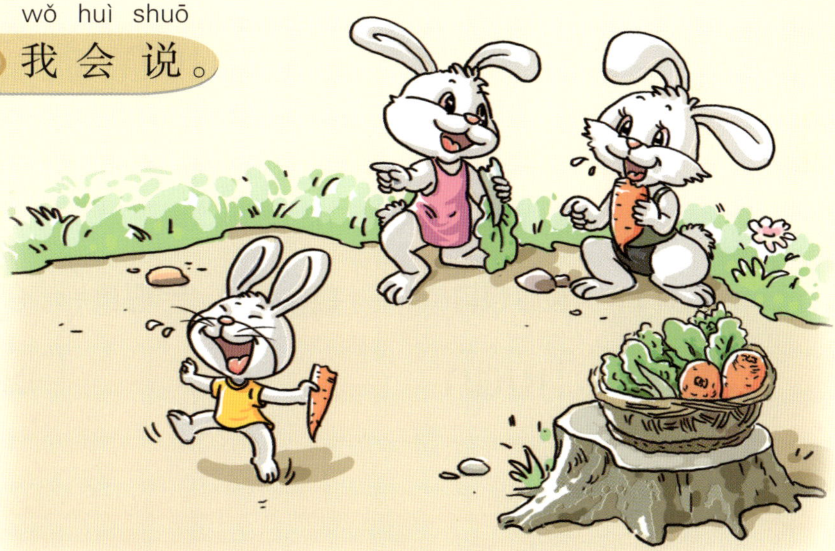

xiǎo bái tù bái yòu bái　ài chī luó bo ài chī cài

12 an en yuan

an

en

d—an→dan
t—an→tan
n—an→nan

b—en→ben
p—en→pen
m—en→men

  yuan

g   guan   j   juan
k—u—an—kuan   q—ü—an—quan
h   huan   x   xuan

ān   èn   yuán

in un ün yin yun

in

lun

ün

b —— bin
p — in — pin
m —— min
yin

g —— gun
k — un — kun
h —— hun

j —— jun
q — ün — qun
x —— xun
yun

yīn　　lún　　yún

lán tiān　　　bái yún　　　yàn zi

mén　　　qiān bǐ　　　pīn yīn

lún zi　　　fú wù yuán　　　jūn rén

yuǎn chù yí zuò shān　　jìn chù yí kuài tián
远 处 一 座 山，近 处 一 块 田。
zuǒ biān shì shù lín　　yòu biān shì guǒ yuán
左 边 是 树 林，右 边 是 果 园。

yuǎn chù　jìn chù　zuǒ biān　yòu biān

13 ang eng ing ong ying

gang geng gong jing jiong zhuang
kang keng kong qing qiong chuang
hang heng hong xing xiong shuang

fàng　fēng　yīng　lóng

yáng lóng yīng

xióng táng chuáng

dēng hóng qí fēng zheng

复习（四）

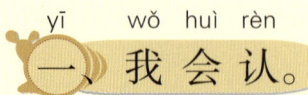

an　en　yuan　in　yin　un　ün　yun
ang　eng　ing　ying　ong

an—ang　　　en—eng　　　in—ing

dà shān　　　kè běn　　　shù lín

shàng xué　　guā fēng　　líng shēng

ian—iang　　uan—uang　　ong—iong

diàn huà　　dà chuán　　tiān kōng

dà xiàng　　qǐ chuáng　　yīng xióng

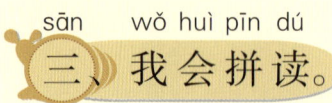

j—i—ǒng→jiǒng

q—i—óng→qióng

x—i—ōng→xiōng

四、我会标调。

shu ye lü le　　　jie jie du shu　　　xia xue le

五、我会连。

cháng jǐng lù

lǎo hǔ

hóu zi

shī zi

huáng niú

xiǎo gǒu

拼音知识（一）

看谁读得准

三声变调

lǎo hǔ　　nǐ hǎo
老　虎　　你　好

xiǎoniǎo　　xǐ jiǎo
小　鸟　　　洗　脚

第一个三声要读成二声呢！

轻声

轻声是不标调的。

gē ge　　ér zi　　mā ma
哥　哥　　儿　子　　妈　妈

hóu zi　　shī zi　　bō li
猴　子　　狮　子　　玻　璃

zǒng fù xí
总复习

一、我会读。

shēng mǔ
声母

b	p	m	f	d	t	n	l
g	k	h		j	q	x	
zh	ch	sh	r	z	c	s	
		y		w			

yùn mǔ
韵母

a o e i u ü
ai ei ui ao ou iu ie üe er
an en in un ün ang eng ing ong

zhěng tǐ rèn dú yīn jié
整体认读音节

zhi chi shi ri zi ci si
yi wu yu ye yue yuan
yin yun ying

二、我会记。

标调歌

声调符号像顶帽，
只在韵母头上标。
看见"a"，"a"上标，
不见"a"，找"o"、"e"。
"i、u"并列标在后，
轻声上面不标调。
还有一点别忘记，
"i"上标调点去掉。

sān wǒ huì pīn
三、我会拼。

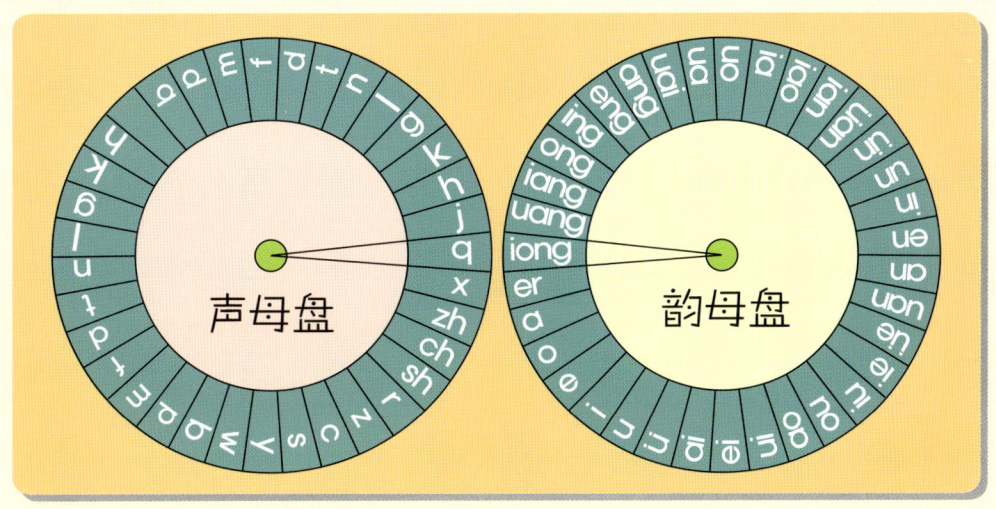

sì wǒ huì chàng
四、我会唱。

zhǎo péng you
找 朋 友

zhǎo ya zhǎo ya zhǎo péng you
找 呀 找 呀 找 朋 友，

zhǎo dào yí gè hǎo péng you
找 到 一 个 好 朋 友，

jìng gè lǐ wò wo shǒu
敬 个 礼， 握 握 手，

nǐ shì wǒ de hǎo péng you
你 是 我 的 好 朋 友。

听力·口语交际（一）

听一听，哪个对。

1

2

3

4

5

6

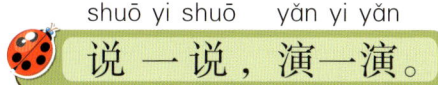

说一说，演一演。

打招呼

学字（一）

学数数

一 二 三 四 五，
六 七 八 九 十，
我 们 学 数 数。
一 二 三 四 五，
六 七 八 九 十。

学字	글자 배우기	五	오, 다섯
学	배우다	六	륙, 여섯
数数	수자를 세다	七	칠, 일곱
一	일, 하나	八	팔, 여덟
二	이, 둘	九	구, 아홉
三	삼, 셋	十	십, 열
四	사, 넷	我们	우리, 저희

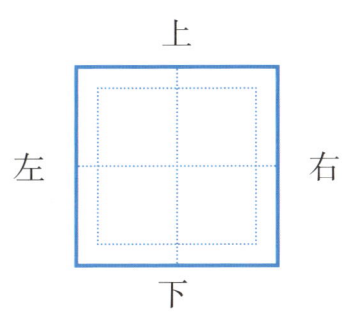

yī　èr　sān　sì　shí
一　二　三　四　十

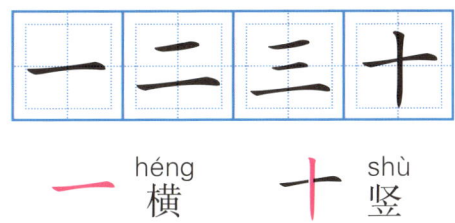

一 héng 横　　十 shù 竖

我会读

èr shí sān　　sān shí èr　　shí sì　　sì shí yī
二十三　　三十二　　十四　　四十一

我会写

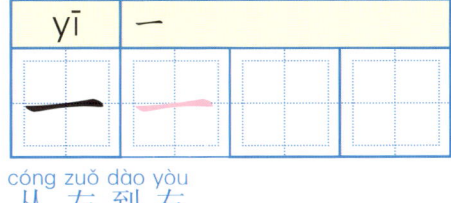

从左到右

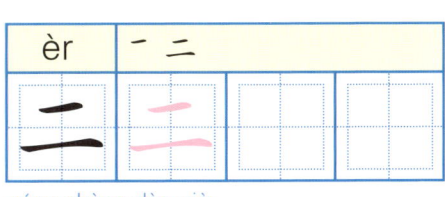

从上到下

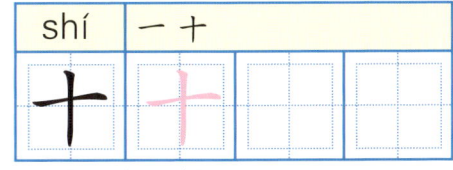

先横后竖

xué zì

学字（二）

一 二 三 ， 爬 上 山 。
四 五 六 ， 齐 步 走 。
七 八 九 ， 踢 足 球 。
十 个 朋 友 手 拉 手 。

爬上山 산에 오르다	一个 한명, 한사람, 한개
齐步走 발 맞추어 걷다	朋友 친구
踢 차다	手拉手 손에 손을 잡다
足球 축구(공)	

wǔ	liù	qī	bā	jiǔ
五	六	七	八	九

六 七 八 九

六 ^{diǎn}点　　七 ^{shù wān gōu}竖弯钩

八 ^{piě　nà}撇、捺　　九 ^{héng zhé wān gōu}横折弯钩

我会读

sān shí yī	èr shí wǔ	sì shí sì	liù shí qī
三十一	二十五	四十四	六十七
jiǔ shí bā	qī shí liù	wǔ shí sān	bā shí sì
九十八	七十六	五十三	八十四

我会写

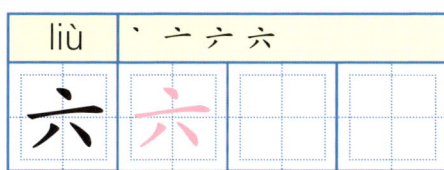
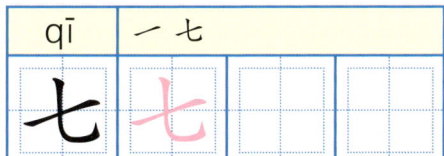
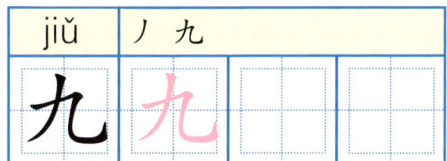

xiān piě hòu nà
先撇后捺

xué zì

学字（三）
xué zì sān

rén　　　jǐ gè rén　　　yí gè rén
人　　　几个人　　　一个人

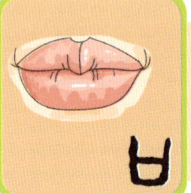

kǒu zuǐ　　　jǐ gè kǒu　　　yí gè kǒu
口(嘴)　　　几个口　　　一个口

shǒu　　　jǐ zhī shǒu　　　liǎng zhī shǒu
手　　　几只手　　　两只手

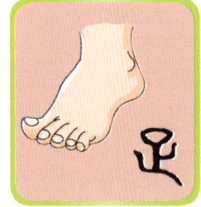

zú jiǎo　　　jǐ zhī jiǎo　　　liǎng zhī jiǎo
足(脚)　　　几只脚　　　两只脚

人 사람	手 손	足(脚) 발
几 몇	一只 한개, 한짝	
口(嘴) 입	两 둘	

rén	gè	kǒu	shǒu	zhī	zú
人	个	口	手	只	足

人 口 手 足

口 横折（héng zhé）　　手 弯钩（wān gōu）

我会读

yí gè rén	yí gè kǒu	liǎng zhī shǒu
一个人	一个口	两只手

liǎng zhī jiǎo	zú qiú	shǒu zú
两只脚	足球	手足

我会写

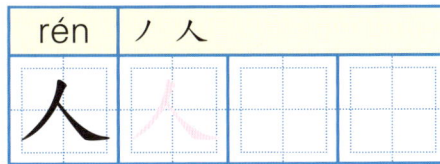

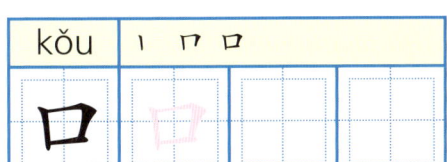

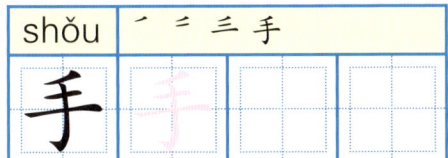

1 升国旗

五星红旗，
中国国旗。
国歌声中，
高高升起。
我们立正，
向您敬礼。

升 올리다	高 높다
国旗 국기	升起 솟아오르다
五星红旗 오성붉은기	立正 차렷자세로 서다
中国 중국	向 …을/를 향하여
国歌 국가	您 당신(상대방을 높여 부르는 말)
声 소리	
中 속, 가운데	敬礼 경례하다

guó　zhōng　wǒ　lì　zhèng
国　中　我　立　正

五 中 立 正

 我 会 读

　　lǎng dú kè wén   bèi sòng kè wén
1. 朗 读 课 文，背 诵 课 文。
　　dú yi dú xià miàn de cí yǔ
2. 读 一 读 下 面 的 词 语。
　wǔ xīng hóng qí   zhōng guó   guó gē   wǒ men   lì zhèng
　五 星 红 旗　中 国　国 歌　我 们　立 正

我 会 说

wǒ men lì zhèng
我 们 立 正，
xiàng　　　　　jìng lǐ
向 _____ 敬 礼。

我 会 写

wǔ	一 丅 五 五			
五				

zhōng	丨 冂 口 中			
中				

lì	丶 亠 亓 立 立			
立				

zhèng	一 丅 下 正 正			
正				

2 我的家
<small>wǒ de jiā</small>

<small>wǒ yǒu yí gè xìng fú de jiā</small>
我有一个幸福的家。
<small>bà ba ài wǒ</small>
爸爸爱我，
<small>mā ma ài wǒ</small>
妈妈爱我，
<small>wǒ yě ài bà ba　mā ma</small>
我也爱爸爸、妈妈。
<small>wǒ zài xìng fú de jiā zhōng</small>
我在幸福的家中，
<small>kuài lè de zhǎng dà</small>
快乐地长大。

我　나, 저	妈妈　엄마, 어머니
的　…의	爱　사랑하다, 좋아하다
家　집	也　…도
有　있다	在　…에, …에서
幸福　행복하다	快乐地　즐겁게
爸爸　아빠, 아버지	长大　크다, 자라다

jiā yǒu bà mā zhǎng dà
家 有 爸 妈 长 大

| 有 | 个 | 长 |

长 { zhǎng 长大(자라다)
    cháng 很长(아주 길다)

我会读

1. lǎng dú kè wén，bèi sòng kè wén。
   朗读课文，背诵课文。
2. dú yi dú。
   读一读。

xìng fú　　xìng fú de jiā　　yí gè xìng fú de jiā　　wǒ yǒu yí gè xìng fú de jiā
幸福　　幸福的家　　一个幸福的家　　我有一个幸福的家

我会说

bà ba ài wǒ，mā ma ài wǒ，wǒ yě ài
爸爸爱我，妈妈爱我，我也爱_____。

lǎo shī____，tóngxué____，wǒ yě_____。
老师____，同学____，我也_____。

我会写

| yǒu | 一ナオ有有有 |
| 有 | |

有 横折钩 héng zhé gōu　　长 竖提 shù tí

| gè | ノ 人 个 |
| 个 | |

| zhǎng | ノ 一 七 长 |
| 长 | |

听力·口语交际（二）

听一听，哪个错了。

1

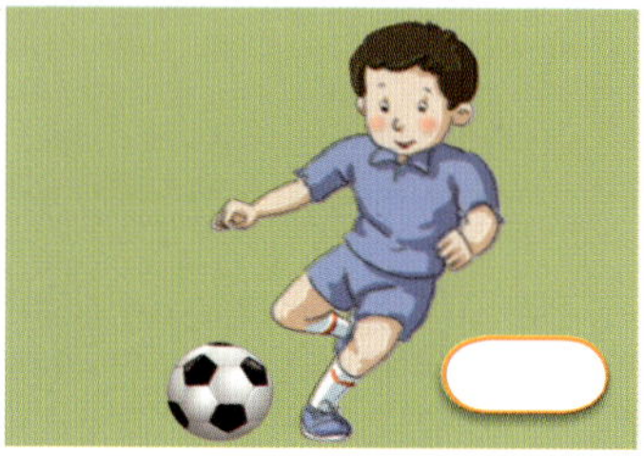

2

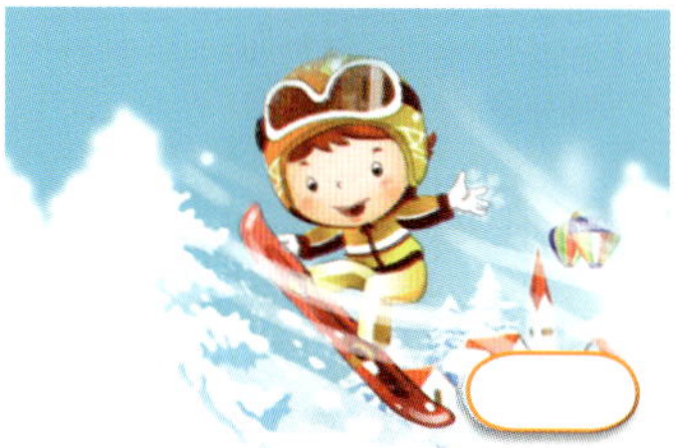

3 四

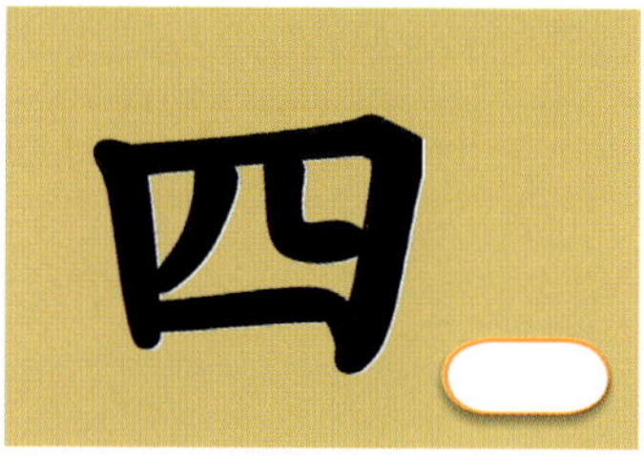

4

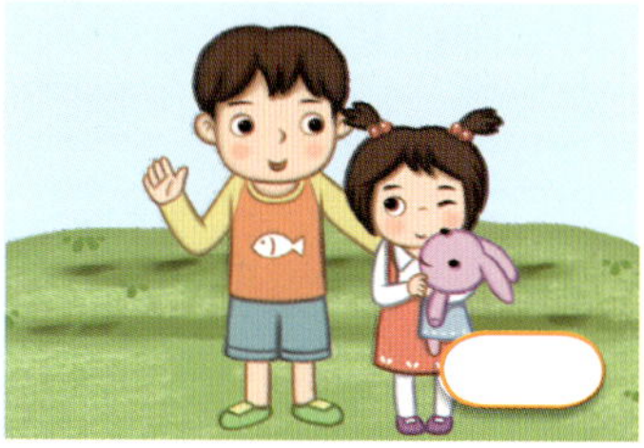

5

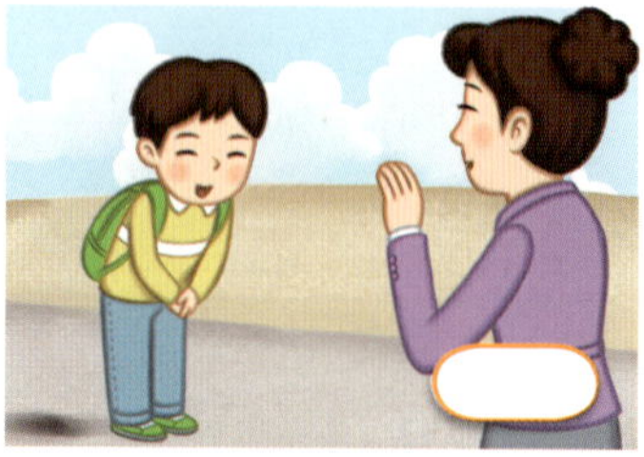

6

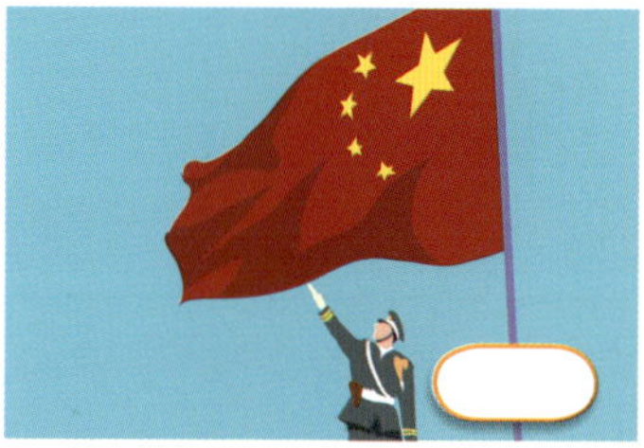

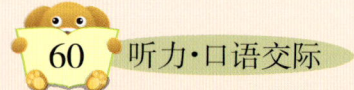

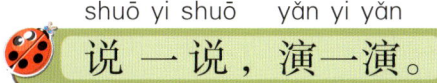

说一说，演一演。

道别

hàn yǔ yuán dì yī
汉语园地（一）

yī lián yi lián
一、连一连。

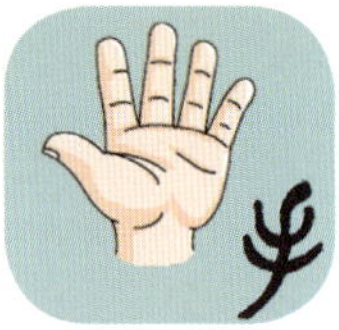

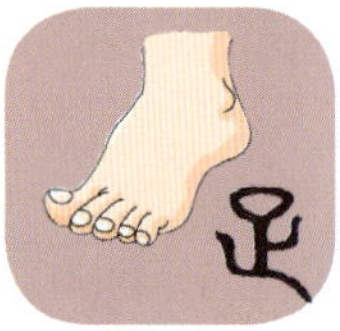

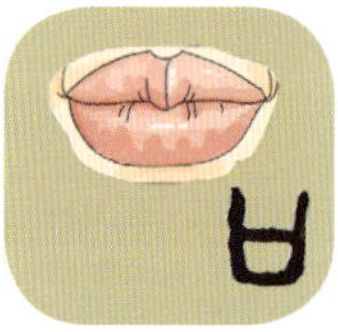

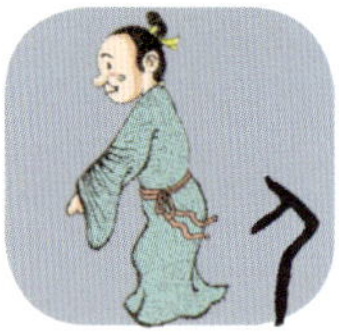

人

口

手

足

èr rèn yi rèn
二、认一认。

四 有 家 爸 妈

只 二 我 长 大

三、填一填。

zhōng guó
□ 国

wǔ xīng hóng qí
□ 星 红 旗

shí gè
十 □

lì zhèng
□ 正

四、写一写。

六			九		
七			手		
八			口		

hàn yǔ yuán dì

五、读一读。

我们立正,向国旗敬礼。

我有一个幸福的家。

我也爱爸爸、妈妈。

六、你知道吗?

国旗

党旗

军旗

队旗

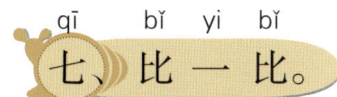

qī bǐ yi bǐ
七、比一比。

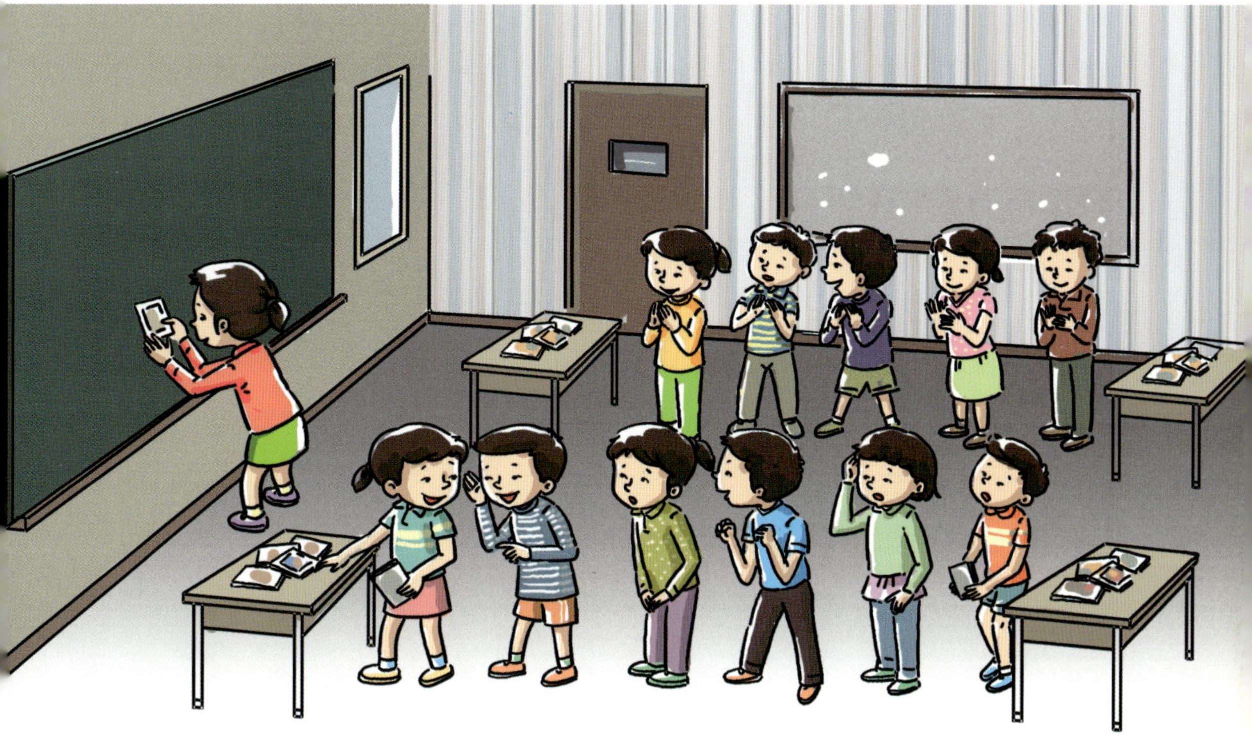

kè qián zhǔn bèi hàn zì huò cí yǔ kǎ piàn
1. 课前准备汉字或词语卡片。

fēn liǎng zǔ bǐ sài
2. 分两组比赛。

kàn nǎ yì zǔ chuán de yòu zhǔn yòu kuài
3. 看哪一组传得又准又快。

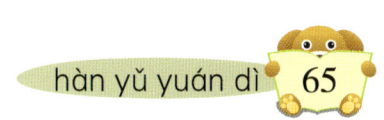

学字(四)

xué zì sì

rén yǒu ěr, ěr néng tīng,
人 有 耳， 耳 能 听，

rén yǒu mù, mù néng kàn,
人 有 目， 目 能 看，

rén yǒu kǒu, kǒu néng shuō,
人 有 口， 口 能 说，

rén yǒu shǒu, shǒu néng xiě。
人 有 手， 手 能 写。

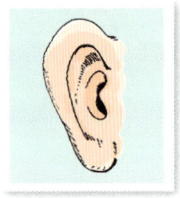 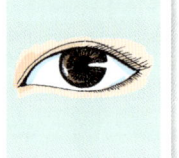  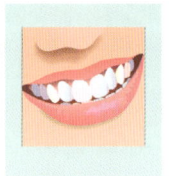 

ěr	mù	shé	yá	tóu
耳	目	舌	牙	头
ěr duo	yǎn jing	shé tou	yá chǐ	
耳朵	眼睛	舌头	牙齿	

耳(耳朵) 귀	说 말하다
能 …수 있다, 할줄 알다	写 쓰다
听 듣다	舌(舌头) 혀
目(眼睛) 눈	牙(牙齿) 이, 이발
看 보다	头 머리

ěr	mù	shé	yá	tóu
耳	目	舌	牙	头

耳 目 舌 牙

牙　shù zhé　shù gōu
　　竖折、竖钩

我会说

rén yǒu kǒu　　kǒu néng
人有口，口能____。

rén yǒu ěr　　néng
人有耳，__能____。

rén yǒu mù　　néng
人有目，__能____。

rén yǒu shǒu　　néng
人有手，__能____。

我会写

ěr	一 厂 厂 厅 耳 耳
耳	

mù	丨 冂 冃 月 目
目	

shé	一 二 千 千 舌 舌
舌	

yá	一 二 牙 牙
牙	

xué zì

学字（五）

大和小

一个大，一个小，
一头黄牛一只猫。

多和少

一边多，一边少，
一群大雁一只鸟。

大 크다	牛 소	一边 한쪽
和 …와, …과	一只 한마리	一群 한무리
小 작다	猫 고양이	大雁 기러기
一头 한마리	多 많다	鸟 새
黄牛 황소	少 적다	

xiǎo　niú　duō　shǎo　niǎo
小　牛　多　少　鸟

大 小 多 少　　多 héng piě 横撇

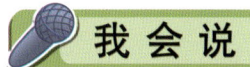 我会说

nǎ gè dà　nǎ gè xiǎo
哪个大，哪个小？

shén me duō　shén me shǎo
什么多，什么少？

huáng niú　xiǎo māo
黄牛、小猫

xiǎo niǎo　xiǎo jī
小鸟、小鸡

 我会写

xiān zhōngjiān　hòu liǎng biān
先中间，后两边。

| dà | 一 ナ 大 |
| 大 | |

| xiǎo | 亅 丿 小 |
| 小 | |

| duō | ノ ク タ タ 多 多 |
| 多 | |

| shǎo | 丨 丿 小 少 |
| 少 | |

xué zì

xué zì liù
学 字（六）

rì
日

tài yáng
太 阳

yuè
月

yuè liang
月 亮

shuǐ
水

hé shuǐ
河 水

huǒ
火

huǒ miáo
火 苗

| 日（太阳） 해, 태양 | 水　물 | 火　불 |
| 月（月亮） 달 | 河水　강물 | 火苗　불꽃 |

rì	yuè	tài	shuǐ	huǒ
日	月	太	水	火

日 月 水 火

我会读

tài yáng	yuè liang	hé shuǐ	huǒ miáo	yuè rì
太阳	月亮	河水	火苗	10月1日

我会说

nǐ de shēng rì shì jǐ yuè jǐ rì
你的生日是几月几日？

wǒ de shēng rì shì
我的生日是_____。

我会写

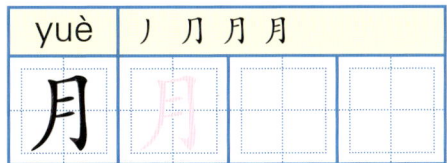

xué zì 71

3 xiǎo xiǎo de chuán 小 小 的 船

wān wān de yuè er xiǎo xiǎo de chuán
弯 弯 的 月 儿 小 小 的 船。
xiǎo xiǎo de chuán er liǎng tóu jiān
小 小 的 船 儿 两 头 尖。
wǒ zài xiǎo xiǎo de chuán lǐ zuò
我 在 小 小 的 船 里 坐,
zhǐ kàn jiàn shǎn shǎn de xīng xing lán lán de tiān
只 看 见 闪 闪 的 星 星 蓝 蓝 的 天。

船	배	里	안, 속	闪	반짝이다
弯	구불다	坐	앉다	星星	별
两头	두끝	只	오직, 다만	蓝	푸르다
尖	뾰족하다	看见	보이다	天	하늘

de	ér	liǎng	zài	lǐ	jiàn	tiān
的	儿	两	在	里	见	天

儿 头 只 见　　只 { zhī 一只（한 개）
　　　　　　　　　　zhǐ 只有（오직, 다만）

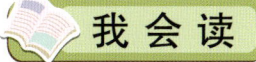 我会读

　　　　lǎng dú kè wén   bèi sòng kè wén
1. 朗读课文，背诵课文。

　　　　dú yi dú
2. 读一读。

xiǎo　　xiǎo xiǎo de　　xiǎo xiǎo de chuán
小　　　小小的　　　　小小的船
lán　　 lán lán de　　 lán lán de tiān
蓝　　　蓝蓝的　　　　蓝蓝的天
wān　　wān wān de　　wān wān de yuè er
弯　　　弯弯的　　　　弯弯的月儿
shǎn　　shǎn shǎn de　shǎn shǎn de xīng xing
闪　　　闪闪的　　　　闪闪的星星

我会写

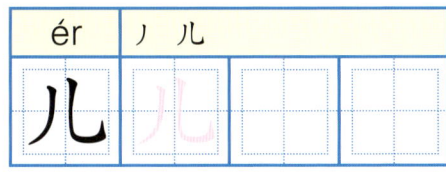

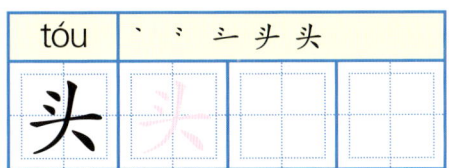

4 爷爷和小树

我家门口有一棵小树。

冬天到了,爷爷给小树穿上暖和的衣服。小树不冷了。

夏天到了,小树给爷爷撑开绿色的小伞。爷爷不热了。

爷爷真好!小树真好!

yī fu hé xiǎo sǎn zhǐ de shì shénme ne
"衣服"和"小伞"指的是什么呢？

爷爷 할아버지	衣服 옷
树 나무	不 아니, …지 않다
门口 문어귀	冷 춥다
棵 그루	夏天 여름
冬天 겨울	撑开 펼치다
到了 오다, (시간이) 되다	绿色 록색
给 …에게	伞 우산
穿 입다	热 덥다
暖和 따뜻하다	真好 참말로 좋다

mén　le　yī　bù　kāi　sǎn
门　了　衣　不　开　伞

门	了	不	开

我会读

lǎng dú kè wén　bèi sòng kè wén
1. 朗读课文，背诵课文。

2. 读一读 (dú yi dú)

冬天 (dōng tiān)   不冷了 (bù lěng le)   门口 (mén kǒu)   小树 (xiǎo shù)

夏天 (xià tiān)   不热了 (bú rè le)   开门 (kāi mén)   小伞 (xiǎo sǎn)

我会说

暖和的 (nuǎn huo de) _____。

绿色的 (lǜ sè de) _____。

我家门口有 (wǒ jiā mén kǒu yǒu) _____。

我有一个幸福的 (wǒ yǒu yí gè xìng fú de) _____。

教室里有 (jiào shì li yǒu) _____。

我会写

mén	、 冂 门
门	门

le	了 了
了	了

bù	一 ㄣ 才 不
不	不

kāi	一 二 开 开
开	开

76 课文

pīn yīn zhī shi (èr)
拼音知识（二）

kàn shéi dú de zhǔn
看谁读得准

"一"的变调

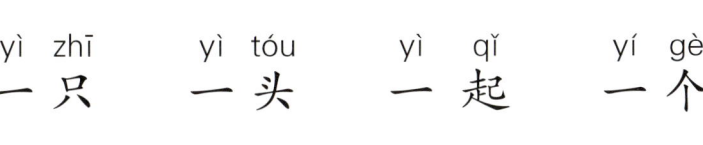
"一"有三个变调呢！

yì zhī	yì tóu	yì qǐ	yí gè
一只	一头	一起	一个

yì biān	yì qún	yì zhǒng	yí cì
一边	一群	一种	一次

dú yi dú	xiě yi xiě	bèi yi bèi
读一读	写一写	背一背

"不"的变调

"不"有两个变调。

bú shì	bú qù	bú huà
不是	不去	不画

tīng bu tīng	shuō bu shuō
听不听	说不说

tīng lì · kǒu yǔ jiāo jì (sān)
听力·口语交际（三）

tīng yi tīng, xuǎn yi xuǎn
听一听，选一选。

1.

2.

3.

4.

5.

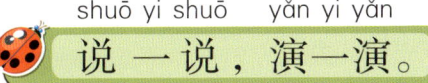
说一说，演一演。

几 口 人

你家有几口人？

都有谁？

我家有四口人。

有爸爸、妈妈、姐姐和我。

汉语园地（二）

一、认一认。

月	目	牙	头	小
牛	鸟	月	太	的
儿	两	在	里	天
了	衣	不	开	伞

二、填一填。

看 jiàn　　长 dà　　门 kǒu

shé 舌　　hé 河　　duō 多

yuè 亮　　ěr 朵　　huǒ 苗

sān kàn yi kàn xiě yi xiě
三、看一看，写一写。

   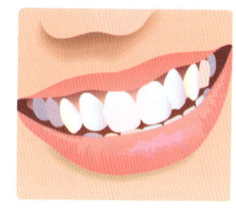

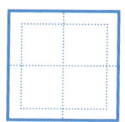 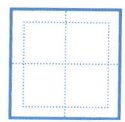  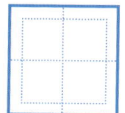

sì dú yi dú
四、读一读。

wān wān de yuè er xiǎo xiǎo de chuán
弯弯的月儿小小的船。

shǎn shǎn de xīng xing lán lán de tiān
闪闪的星星蓝蓝的天。

yé ye gěi xiǎo shù chuān shang nuǎn huo de yī fu
爷爷给小树穿上暖和的衣服。

xiǎo shù gěi yé ye chēng kāi lǜ sè de xiǎo sǎn
小树给爷爷撑开绿色的小伞。

yǒu qù de hàn zì
有趣的汉字

nǐ kàn duō yì bǐ shǎo yì bǐ
你看，多一笔，少一笔，
zì jiù bù tóng le zhēn yǒu qù
字就不同了，真有趣！

小 少 人 大 太

日 目 口 日 中

xué zì (qī)
学字（七）

yún 云 — bái yún biàn chéng le wū yún
白云变成了乌云。

diàn 电 — shǎn diàn le, dǎ léi le
闪电了，打雷了。

fēng 风 — guā fēng le
刮风了。

yǔ 雨 — xià yǔ le
下雨了。

白云	흰구름	打雷	우뢰가 울다
变成	…로/으로 변하다	刮风	바람이 불다
乌云	먹장구름	下雨	비가 내리다
闪电	번개가 치다		

yún	bái	diàn	fēng	yǔ
云	白	电	风	雨

云 电 风 雨

云 撇折（piě zhé）　　风 横斜钩（héng xié gōu）

我会读

bái yún	wū yún	bái tiān	bái sè
白云	乌云	白天	白色
shǎn diàn	léi diàn	guā fēng	dà fēng
闪电	雷电	刮风	大风
xià yǔ	dà yǔ	shuǐ huǒ	rì yuè
下雨	大雨	水火	日月

我会写

yún	一二云云
云	

diàn	丨口日日电
电	

fēng	丿几风风
风	

yǔ	一丁丙丙雨雨雨
雨	

xué zì

学字(八)

shān shang yǒu shí tou
山 上 有 石 头，
shān xià yǒu hé liú
山 下 有 河 流，
tián li yǒu hēi tǔ
田 里 有 黑 土，
lín zhōng yǒu shù mù
林 中 有 树 木。

   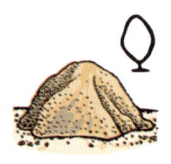

shān	shí	tián	tǔ
山	石	田	土
dà shān	shí tou	shuǐ tián	tǔ dì
大山	石头	水田	土地

上 우	田 밭	水田 논, 논밭
石(石头) 돌	黑土 흑토	土地 토지, 땅
下 아래	林 숲	
河流 강, 하천	树木 나무	

shān shàng shí xià tián tǔ
山 上 石 下 田 土

山 石 田 土

我会读

dà shān	xiǎo shān	shí tou	shān shí
大 山	小 山	石 头	山 石
tián dì	shuǐ tián	hēi tǔ	tǔ dì
田 地	水 田	黑 土	土 地

我会说

shān shang yǒu shén me?   shān shang yǒu
山 上 有 什 么?   山 上 有 _____ 。
shān xià yǒu shén me?   shān xià yǒu
山 下 有 什 么?   山 下 有 _____ 。
tián li yǒu shén me?   tián li yǒu
田 里 有 什 么?   田 里 有 _____ 。
lín zhōng yǒu shén me?   lín zhōng yǒu
林 中 有 什 么?   林 中 有 _____ 。

我会写

| shān | 丨 凵 山 |
| 山 | |

| shí | 一 ナ 丆 石 石 |
| 石 | |

| tián | 丨 冂 冂 田 田 |
| 田 | |

| tǔ | 一 十 土 |
| 土 | |

xué zì 85

5 四季
sì jì

草芽尖尖，
他对小鸟说：
"我是春天。"

荷叶圆圆，
他对青蛙说：
"我是夏天。"

gǔ suì wān wān
谷 穗 弯 弯,

tā jū zhe gōng shuō
他 鞠 着 躬 说:

wǒ shì qiū tiān
"我 是 秋 天。"

xuě rén dà dù zi yì tǐng
雪 人 大 肚 子 一 挺,

tā wán pí de shuō
他 顽 皮 地 说:

wǒ shì dōng tiān
"我 是 冬 天。"

四季　사계절	谷穗　곡식이삭
草芽　풀싹	鞠躬　허리 굽혀 인사하다
他　그, 그 사람	秋天　가을
对　…에게	雪人　눈사람
是　…이다	肚子　배
春天　봄	（一）挺　쑥 내밀다
荷叶　런잎	顽皮　익살스럽다, 장난이 심하다
青蛙　청개구리	

cǎo	tā	shuō	shì	yè	zǐ
草	他	说	是	叶	子

四 鸟 天 子

四 竖弯 shù wān　　鸟 竖折折钩 shù zhé zhé gōu

我会读

lǎng dú kè wén，bèi sòng kè wén
朗读课文，背诵课文。

我会说

cǎo yá duì xiǎo niǎo shuō　　wǒ shì chūn tiān
草芽对小鸟说："我是春天。"

hé yè duì qīng wā shuō
荷叶对青蛙说："_____。"

gǔ suì shuō，tā shì qiū tiān
谷穗说，他是秋天。

xuě rén shuō，tā
雪人说，他_____。

我会写

sì	丨 冂 刀 四 四
四	

niǎo	ノ ケ 勺 鸟 鸟
鸟	

tiān	一 二 于 天
天	

zǐ	了 了 子
子	

6 秋天到了

天气凉了,树叶黄了,一片片叶子从树上落下来。

天空那么高,那么蓝。一群大雁往南飞,一会儿排成个"人"字,一会儿排成个"一"字。

田野里,棉花白了,高粱红了,稻子黄了,丰收的季节到了。

天气 날씨	那么 그렇게, 저렇게	字 글자
凉 선선하다	往 …으로	田野 들, 전야
树叶 나무잎	南 남, 남쪽	棉花 솜, 목화
一片 한잎	飞 날다	高粱 수수
从 …에서	一会儿……, 一会儿……	稻子 벼
落 떨어지다	…다 …다 하다	丰收 풍년이 들다
下来 내려오다	排 배렬하다	季节 계절

qì	piàn	cóng	lái	fēi	huā
气	片	从	来	飞	花

上 下 飞 白

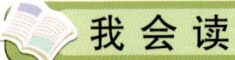 我会读

1. 朗读课文，背诵课文。
   lǎng dú kè wén　bèi sòng kè wén

2. 读一读。
   dú yi dú

   luò xia lai
   落 下 来

   cóng shù shang luò xia lai
   从 树 上 落 下 来

   yè zi cóng shù shang luò xia lai
   叶 子 从 树 上 落 下 来

   yí piàn piàn yè zi cóng shù shang luò xia lai
   一 片 片 叶 子 从 树 上 落 下 来

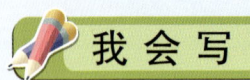 我会写

shàng	丨 卜 上
上	

xià	一 丅 下
下	

fēi	乁 飞 飞
飞	

bái	丿 丨 白 白 白
白	

tīng lì kǒu yǔ jiāo jì sì

听力·口语交际（四）

tīng yi tīng lián yi lián

听一听，连一连。

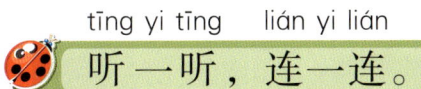

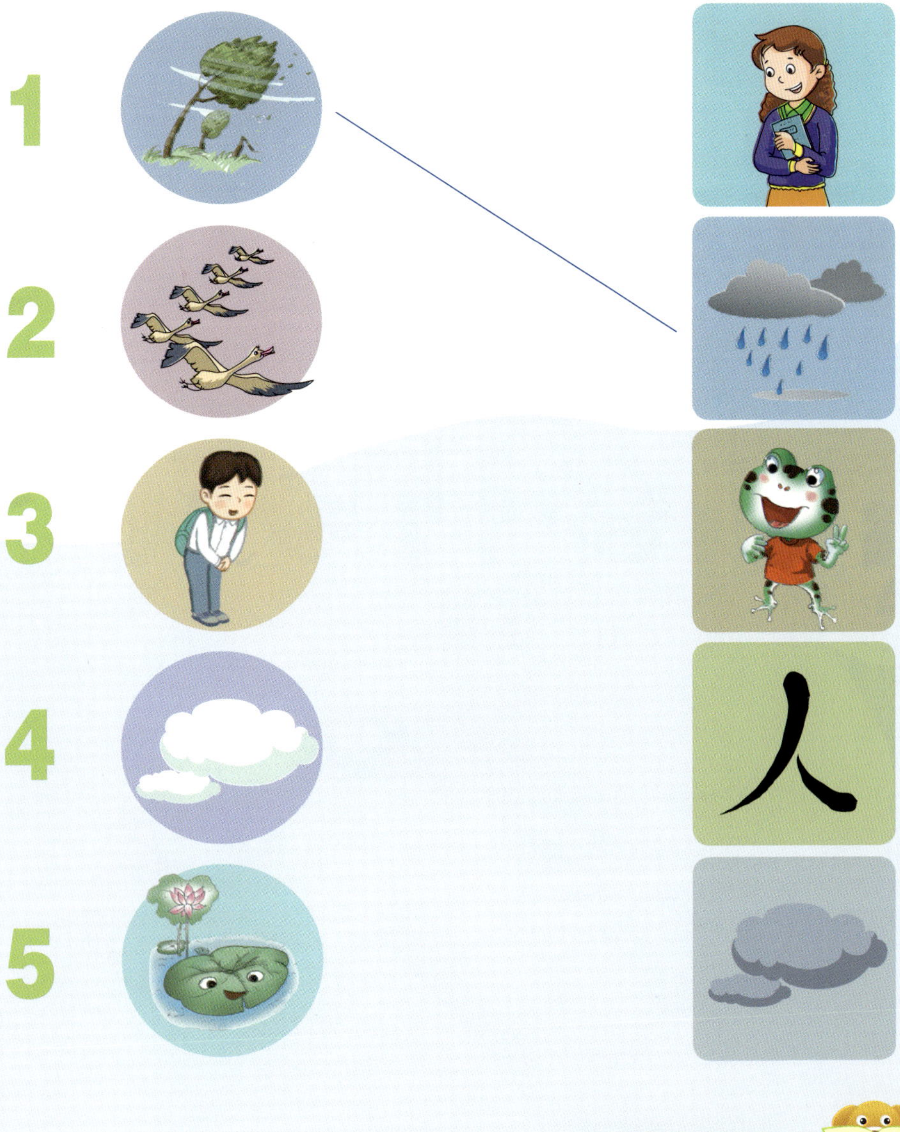

shuō yi shuō，yǎn yi yǎn
说一说，演一演。

yǒu méi yǒu
有 没 有

wǒ huì yòng "yǒu méi yǒu" shuō huà
我 会 用 "有 没 有" 说 话。

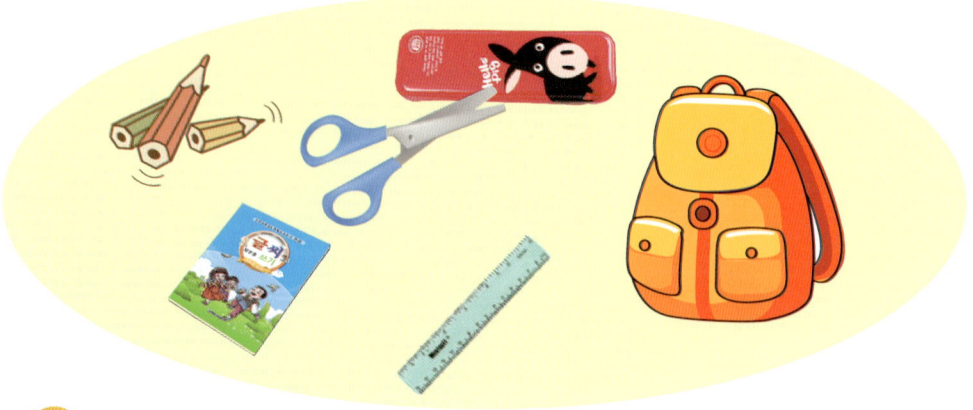

汉语园地（三）

一、认一认。

他　草　说　是　叶

气　片　从　来　花

二、填一填。

shǎn diàn
闪 ☐

xià yǔ
下 ☐

dà shān
大 ☐

shuǐ tián
水 ☐

shí tou
☐ 头

tǔ dì
☐ 地

三、sān xiě yi xiě 写一写。

云				乙
风				飞
四				乚
鸟				勹

四、sì sòng dú jī lěi 诵读积累。

huà
画

táng wáng wéi
〔唐〕王 维

yuǎn kàn shān yǒu sè
远 看 山 有 色，
jìn tīng shuǐ wú shēng
近 听 水 无 声。
chūn qù huā hái zài
春 去 花 还 在，
rén lái niǎo bù jīng
人 来 鸟 不 惊。

五、赛一赛。

1. 课前每人准备一张写有20个汉字的卡片。

2. 展示卡片,看谁写得最好看。

3. 认字说词语比赛。

学字（九）

mù 木　　lín zhōng yǒu shù mù
　　　　　林 中 有 树 木。

hé 禾　　tián li yǒu hé miáo
　　　　　田 里 有 禾 苗。

mǐ 米　　wǒ ài chī dà mǐ fàn
　　　　　我 爱 吃 大 米 饭。

zhú 竹　　dà xióng māo ài chī zhú zi
　　　　　大 熊 猫 爱 吃 竹 子。

禾苗　（곡식의）싹, 모	饭　밥
吃　먹다	大熊猫　참대곰
大米　입쌀	竹子　참대

mù	hé	mǐ	chī	zhú
木	禾	米	吃	竹

木 禾 米 竹

我会读

shù mù	mù tou	hé miáo	dà mǐ	xiǎo mǐ
树木	木头	禾苗	大米	小米

mǐ fàn	chī fàn	zhú zi	zhú yè	dà xióng māo
米饭	吃饭	竹子	竹叶	大熊猫

我会说

mā ma ài chī 　　　　shān shang yǒu
妈妈爱吃＿＿＿。　　山 上 有＿＿＿。

我会写

mù	一 十 才 木
木	

hé	一 二 千 禾 禾
禾	

mǐ	、 、 丷 半 米 米
米	

zhú	ノ 亻 千 竹 竹 竹
竹	

xué zì

学字（十）

草原

mǎ	niú	yáng	quǎn
马	牛	羊	犬

mǎ chē　　niú nǎi　　yáng máo　　mù yáng quǎn
马 车　　牛 奶　　羊 毛　　牧 羊 犬

草原 초원		马车 마차	
马 말		牛奶 우유	
羊 양		羊毛 양털	
犬 개		牧羊犬 목양견	

mǎ yáng quǎn chē máo
马 羊 犬 车 毛

马 牛 羊 犬

我会读

bái mǎ	mù mǎ	yáng máo	shān yáng	mù yáng quǎn
白马	木马	羊毛	山羊	牧羊犬

mǎ chē	niú nǎi	huǒ chē	kāi chē	dà cǎo yuán
马车	牛奶	火车	开车	大草原

我会说

chī cǎo
吃草

xiǎo yáng chī cǎo
小羊吃草。

xiǎo yáng zài shān shang chī cǎo
小羊在山上吃草。

我会写

| mǎ | 乛马马 |
| 马 | |

| niú | 丿 ⺈ 二 牛 |
| 牛 | |

| yáng | 丶 丶 ⺌ 兰 羊 |
| 羊 | |

| quǎn | 一 ナ 大 犬 |
| 犬 | |

xué zì

7 雪地里的小画家
xuě dì li de xiǎo huà jiā

下雪啦！下雪啦！
xià xuě la xià xuě la

雪地里来了一群小画家。
xuě dì li lái le yì qún xiǎo huà jiā

小鸡画竹叶，小狗画梅花，
xiǎo jī huà zhú yè, xiǎo gǒu huà méi huā

小鸭画枫叶，小马画月牙。
xiǎo yā huà fēng yè, xiǎo mǎ huà yuè yá

不用颜料不用笔，
bú yòng yán liào bú yòng bǐ

几步就成一幅画。
jǐ bù jiù chéng yì fú huà

啦 …다	鸭子 오리
雪地 눈 덮인 땅	枫叶 단풍잎
画家 화가	用 쓰다
下雪 눈이 내리다	颜料 물감, 색감
鸡 닭	笔 필
画 그림, 그리다	步 걸음
狗 개	就 …면 …ㄹ수 있다
梅花 매화꽃	一幅 한 폭

xuě	dì	huà	yòng	bǐ	jǐ
雪	地	画	用	笔	几

| 里 | 来 | 用 | 几 |

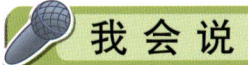
我会读

lǎng dú kè wén bèi sòng kè wén
朗读课文，背诵课文。

我会说

xuě dì li lái le yì qún xiǎo huà jiā
雪地里来了一群小画家。

我会写

lǐ	丶 冂 曰 日 甲 甲 里
里	

lái	一 丆 丆 立 平 来 来
来	

yòng	丿 冂 月 月 用
用	

jǐ	丿 几
几	

8 <ruby>比<rt>bǐ</rt></ruby> <ruby>尾<rt>wěi</rt></ruby> <ruby>巴<rt>ba</rt></ruby>

<ruby>谁<rt>shéi</rt></ruby> <ruby>的<rt>de</rt></ruby> <ruby>尾<rt>wěi</rt></ruby> <ruby>巴<rt>ba</rt></ruby> <ruby>长<rt>cháng</rt></ruby>？
<ruby>谁<rt>shéi</rt></ruby> <ruby>的<rt>de</rt></ruby> <ruby>尾<rt>wěi</rt></ruby> <ruby>巴<rt>ba</rt></ruby> <ruby>短<rt>duǎn</rt></ruby>？
<ruby>谁<rt>shéi</rt></ruby> <ruby>的<rt>de</rt></ruby> <ruby>尾<rt>wěi</rt></ruby> <ruby>巴<rt>ba</rt></ruby> <ruby>好<rt>hǎo</rt></ruby> <ruby>像<rt>xiàng</rt></ruby> <ruby>一<rt>yì</rt></ruby> <ruby>把<rt>bǎ</rt></ruby> <ruby>伞<rt>sǎn</rt></ruby>？

<ruby>猴<rt>hóu</rt></ruby> <ruby>子<rt>zi</rt></ruby> <ruby>的<rt>de</rt></ruby> <ruby>尾<rt>wěi</rt></ruby> <ruby>巴<rt>ba</rt></ruby> <ruby>长<rt>cháng</rt></ruby>。
<ruby>兔<rt>tù</rt></ruby> <ruby>子<rt>zi</rt></ruby> <ruby>的<rt>de</rt></ruby> <ruby>尾<rt>wěi</rt></ruby> <ruby>巴<rt>ba</rt></ruby> <ruby>短<rt>duǎn</rt></ruby>。
<ruby>松<rt>sōng</rt></ruby> <ruby>鼠<rt>shǔ</rt></ruby> <ruby>的<rt>de</rt></ruby> <ruby>尾<rt>wěi</rt></ruby> <ruby>巴<rt>ba</rt></ruby> <ruby>好<rt>hǎo</rt></ruby> <ruby>像<rt>xiàng</rt></ruby> <ruby>一<rt>yì</rt></ruby> <ruby>把<rt>bǎ</rt></ruby> <ruby>伞<rt>sǎn</rt></ruby>。

shéi de wěi ba wān
谁 的 尾 巴 弯？

shéi de wěi ba biǎn
谁 的 尾 巴 扁？

shéi de wěi ba zuì hǎo kàn
谁 的 尾 巴 最 好 看？

gōng jī de wěi ba wān
公 鸡 的 尾 巴 弯。

yā zi de wěi ba biǎn
鸭 子 的 尾 巴 扁。

kǒng què de wěi ba zuì hǎo kàn
孔 雀 的 尾 巴 最 好 看。

比 비교하다	兔子 토끼
尾巴 꼬리	松鼠 다람쥐
谁 누구	扁 납작하다
长 길다	最 가장, 제일
短 짧다	好看 아름답다, 곱다
好像 마치 …와/과 같다	公鸡 수탉
一把 한자루	孔雀 공작새
猴子 원숭이	

bǐ	bā	hǎo	bǎ	kàn	gōng
比	巴	好	把	看	公

比 巴 公

我会读

lǎng dú kè wén, bèi sòng kè wén
朗读课文，背诵课文。

我会连

cháng　　　duǎn　　　wān　　　biǎn
长　　　　短　　　　弯　　　　扁

我会写

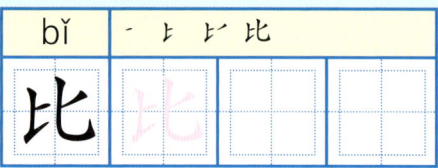

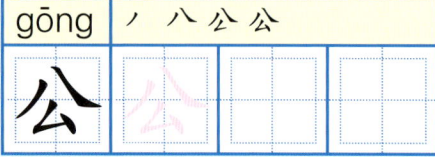

tīng lì · kǒu yǔ jiāo jì（wǔ）
听力·口语交际（五）

tīng yi tīng　xuǎn yi xuǎn
听一听，选一选。

A 
B 
C 
D 
E 
F

1. B　2. ☐　3. ☐　4. ☐　5. ☐　6. ☐

说一说，演一演。

时间

汉语园地（四）

一、读一读。

| shù mù | hé miáo | chī fàn | cǎo yuán | niú nǎi | mù yáng quǎn |
| 树木 | 禾苗 | 吃饭 | 草原 | 牛奶 | 牧羊犬 |

| xuě dì | huà jiā | bú yòng | huà bǐ | jǐ bù | zuì hǎo kàn |
| 雪地 | 画家 | 不用 | 画笔 | 几步 | 最好看 |

| wěi ba | kǒng què | zhēn hǎo | gōng jī | hǎo xiàng | bǐ yi bǐ |
| 尾巴 | 孔雀 | 真好 | 公鸡 | 好像 | 比一比 |

| yì zhī jī | yì tóu niú | yì qún yáng | yì fú huà | yì bǎ sǎn |
| 一只鸡 | 一头牛 | 一群羊 | 一幅画 | 一把伞 |

二、填一填。

hé miáo	shù mù	mù yáng quǎn
苗	树	牧

gōng jī	bú yòng	xuě dì li
鸡		雪地

niú nǎi	jǐ bù	bǐ wěi ba
奶	步	尾

三、写一写。

dà mǐ	zhú zi	lái le
niú mǎ	tián li	jǐ gè

四、诵读积累。

咏 鹅

〔唐〕骆宾王

鹅鹅鹅，

曲项向天歌。

白毛浮绿水，

红掌拨清波。

> 自读课文

1. 小白兔
<small>xiǎo bái tù</small>

<small>xiǎo bái tù，　　bái yòu bái，</small>
小白兔，　白又白，

<small>liǎng zhī ěr duo shù qi lai</small>
两只耳朵竖起来，

<small>ài chī luó bo ài chī cài</small>
爱吃萝卜爱吃菜，

<small>bèng bèng tiào tiào zhēn kě ài</small>
蹦蹦跳跳真可爱。

2. 青蛙(qīng wā)

一只(yì zhī)青蛙(qīng wā)一张(yì zhāng)嘴(zuǐ),

两只(liǎng zhī)眼睛(yǎn jing)四条(sì tiáo)腿(tuǐ),

"扑通(pū tōng)"一声(yì shēng)跳下水(tiào xià shuǐ)。

两只(liǎng zhī)青蛙(qīng wā)两张(liǎng zhāng)嘴(zuǐ),

四只(sì zhī)眼睛(yǎn jing)八条(bā tiáo)腿(tuǐ),

"扑通(pū tōng)""扑通(pū tōng)"跳下水(tiào xià shuǐ)。

3. 两只老虎

两只老虎,
两只老虎,
跑得快,跑得快!
一只没有耳朵,
一只没有尾巴,
真奇怪,真奇怪!

4. 月亮

天上一个月亮,
水里一个月亮,
天上月亮尖尖,
水里月亮弯弯。

5. 数星星

京京青青数星星，
一二三四五，
六七八九十……
星星闪闪眨眼睛，
京京青青数不清。

6. 我的朋友在哪里

一二三四五六七，

我的朋友在哪里？

在北京，

在上海，

我的朋友在这里。

7. 来升旗

早上到学校，
大家来升旗。
看我们的国旗，
在天空飘扬，
多么美丽。

8. 好妈妈

我的好妈妈,
下班回到家。
劳动了一天,
多么辛苦呀。
妈妈妈妈快坐下,
请喝一杯茶。
让我亲亲您吧,
我的好妈妈。

生字表（一）

学字（一）: 一 二 三 四 十
（一 二 三 十）

学字（二）: 五 六 七 八 九
（六 七 八 九）

学字（三）: 人 个 口 手 只 足
（人 口 手 足）

课文 1: 国 中 我 立 正
（五 中 立 正）

课文 2: 家 有 爸 妈 长 大
（有 个 长）

xué zì sì 学字（四）	ěr mù shé yá tóu 耳 目 舌 牙 头
	ěr mù shé yá 耳 目 舌 牙

xué zì wǔ 学字（五）	xiǎo niú duō shǎo niǎo 小 牛 多 少 鸟
	dà xiǎo duō shǎo 大 小 多 少

xué zì liù 学字（六）	rì yuè tài shuǐ huǒ 日 月 太 水 火
	rì yuè shuǐ huǒ 日 月 水 火

kèwén 课文 3	de ér liǎng zài lǐ jiàn tiān 的 儿 两 在 里 见 天
	ér tóu zhǐ jiàn 儿 头 只 见

kèwén 课文 4	mén le yī bù kāi sǎn 门 了 衣 不 开 伞
	mén le bù kāi 门 了 不 开

xué zì qī 学字（七）	yún bái diàn fēng yǔ 云 白 电 风 雨
	yún diàn fēng yǔ 云 电 风 雨

xué zì bā 学字（八）	shān 山	shàng 上	shí 石	xià 下	tián 田	tǔ 土
	shān 山		shí 石		tián 田	tǔ 土

kèwén 课文 5	cǎo 草	tā 他	shuō 说	shì 是	yè 叶	zǐ 子
	sì 四	niǎo 鸟	tiān 天			zǐ 子

kèwén 课文 6	qì 气	piàn 片	cóng 从	lái 来	fēi 飞	huā 花
	shàng 上	xià 下			fēi 飞	bái 白

xué zì jiǔ 学字（九）	mù 木	hé 禾	mǐ 米	chī 吃	zhú 竹
	mù 木	hé 禾	mǐ 米		zhú 竹

xué zì shí 学字（十）	mǎ 马	yáng 羊	quǎn 犬	chē 车	máo 毛
	mǎ 马	niú 牛	yáng 羊	quǎn 犬	

kèwén 课文 7	xuě 雪	dì 地	huà 画	yòng 用	bǐ 笔	jǐ 几
	lǐ 里	lái 来		yòng 用		jǐ 几

kèwén 课文 8	bǐ 比	bā 巴	hǎo 好	bǎ 把	kàn 看	gōng 公
	bǐ 比	bā 巴				gōng 公

fù lù

生字表(二)

- b 八 巴 把 爸 白 比 笔 不
- c 草 车 吃 从
- d 大 的 地 电 多
- e 儿 耳 二
- f 飞 风
- g 个 公 国
- h 好 禾 花 画 火
- j 几 家 见 九
- k 开 看 口
- l 来 了 里 立 两 六
- m 妈 马 毛 门 米 木 目
- n 鸟 牛
- p 片
- q 七 气 犬
- r 人 日
- s 三 伞 山 上 少 舌 十 石 是 手 水 说 四
- t 他 太 天 田 头 土
- w 我 五
- x 下 小 雪
- y 牙 羊 叶 一 衣 用 有 雨 月 云
- z 在 长 正 只 中 竹 子 足

(认识100个汉字，掌握其中的70个汉字)

词语表

学字(一)
学字 学 数数 一 二 三 四 五 六 七 八 九 十 我们

学字(二)
爬上山 齐步走 踢 足球 一个 朋友 手拉手

学字(三)
人 几 口（嘴） 手 一只 两 足（脚）

课文1
升 国旗 五星红旗 中国 国歌 声 中 高 升起 立正 向 您 敬礼

课文2
我 的 家 有 幸福 爸爸 妈妈 爱 也 在 快乐地 长大

学字(四)
耳（耳朵） 能 听 目（眼睛） 看 说 写 舌（舌头） 牙（牙齿） 头

学字(五)
大 和 小 一头 黄牛 牛 一只 猫 多 少 一边 一群 大雁 鸟

学字(六)
日（太阳） 月（月亮） 水 河水 火 火苗

课文3

船 弯 两头 尖 里 坐 只 看见 闪 星星 蓝 天

课文4

爷爷 树 门口 棵 冬天 到了 给 穿 暖和 衣服 不 冷 夏天 撑开 绿色 伞 热 真好

学字(七)

白云 变成 乌云 闪电 打雷 刮风 下雨

学字(八)

上 石（石头） 下 河流 田 黑土 林 树木 水田 土地

课文5

四季 草芽 他 对 是 春天 荷叶 青蛙 谷穗 鞠躬 秋天 雪人 肚子 （一）挺 顽皮

课文6

天气 凉 树叶 一片 从 落 下来 那么 往 南 飞 一会儿……，一会儿…… 排 字 田野 棉花 高粱 稻子 丰收 季节

学字(九)

禾苗 吃 大米 饭 大熊猫 竹子

学字(十)

草原 马 羊 犬 马车 牛奶 羊毛 牧羊犬

课文7

啦 雪地 画家 下雪 鸡 画 狗 梅花 鸭子 枫叶 用 颜料 笔 步 就 一幅

课文8

比 尾巴 谁 长 短 好像 把 猴子 兔子 松鼠 扁 最 好看 公鸡 孔雀

汉字笔画名称表

笔画	名称	例字	笔画	名称	例字
一	héng 横	一	亅	shù gōu 竖钩	小
丨	shù 竖	十	乚	wān gōu 弯钩	了
丿	piě 撇	人	㇄	wò gōu 卧钩	心
丶	nà 捺	八	㇀	piě zhé 撇折	云
丶	diǎn 点	六	㇇	héng piě 横撇	水
㇕	héng zhé 横折	口	㇆	héng zhé gōu 横折钩	月
㇇	héng gōu 横钩	皮	ㄣ	shù wān gōu 竖弯钩	七
㇊	shù zhé 竖折	山	㇂	héng xié gōu 横斜钩	飞
㇊	shù tí 竖提	长	㇈	héng zhé wān gōu 横折弯钩	九
㇊	shù wān 竖弯	四	㇉	shù zhé zhé gōu 竖折折钩	马

fù lù 123

hàn zì bǐ shùn guī zé biǎo
汉字笔顺规则表

guī zé 规 则	lì zì 例 字	bǐ shùn 笔 顺
xiān héng hòu shù 先 横 后 竖	十	一 十
	土	一 十 土
xiān piě hòu nà 先 撇 后 捺	八	丿 八
	大	一 ナ 大
cóng shàng dào xià 从 上 到 下	三	一 二 三
	舌	千 舌
cóng zuǒ dào yòu 从 左 到 右	竹	𠂉 竹
	的	白 的
xiān wài hòu nèi 先 外 后 内	月	冂 月
	用	冂 月 用
xiān lǐ tou hòu fēng kǒu 先 里 头 后 封 口	日	冂 日 日
	国	冂 国 国
xiān zhōng jiān hòu liǎng biān 先 中 间 后 两 边	小	亅 小 小
	水	亅 才 水